I0164535

# Op WEG in de JUISTE RICHTING

## Gedachten over discipelschap voor jongeren

Oorspronkelijke titel: A Journey in the Right Direction, Gustavo Crocker, Ed Belzer, Clive Burrows, Tim Evans, Jayme Himmelwright, Kyle Himmelwright, Todd Waggoner en Sabine Wielk, Eurazië Discipleship Ministries, 2009

Nederlandse vertaling: ds. Jan Spijkman

Uitgegeven door de Publicatieraad van het Nederlandse district van de Kerk van de Nazarener, 2010

# Inleiding

Christendom. Heiliging. Dienen. Er zijn een paar algemene vragen over deze onderwerpen die velen van ons gesteld hebben of die door anderen zijn gesteld. Enkelen van ons hebben diep over deze vragen nagedacht en vonden, zoals vaker het geval is, uiteindelijk nog meer vragen. En die hebben wij hier ook vermeld zodat wij samen met jullie aan onze reis kunnen beginnen.

Wat jullie hier in je handen houden is slechts het begin. Het gaat om een aantal vragen en het begin van antwoorden. Deze zijn niet bedoeld als volledig of allesomvattend. Ze zijn vooral bedoeld om je aan het denken te zetten. En samen met anderen die ook op weg zijn en met Gods hulp willen we graag meer antwoorden vinden.

Er is geen voorgeschreven manier om dit materiaal te gebruiken, maar het werkt waarschijnlijk het beste wanneer de vragen en antwoorden samen met anderen bekijkt. En of je dat nu doet in de kerkbanken of rondom een tafel in je favoriete café, dat is je eigen keuze. Alles wat we vragen is dat je eerlijk naar meer antwoorden zoekt dan die hier al genoemd worden en dat je doorgaat met het stellen van de genoemde vragen en van nog veel meer vragen.

We vragen jullie ook ons te helpen dit materiaal verder te ontwikkelen. Wanneer je dat wilt doen in de vorm van een filmscript en een video maakt, of een quiz programma organiseert, een cartoon tekent, of je gedachten op schrift stelt, horen we graag van je. En als je dat goed vindt dan willen we je bijdrage graag beschikbaar stellen aan anderen. E-mail jullie gedachten, commentaren en ideeën naar journey@eurasiaregio.org zodat ze met de anderen gedeeld kunnen worden. Voor bijdragen van anderen kan je gaan naar: www.eurasianazarene.org (klik op "resources").

Mag God ons de moed en de volharding geven om gedurende onze reis ook de moeilijke vragen te stellen samen met de bereidheid om daarheen te gaan waar ze ons brengen.


Jullie medereizigers,

Clive, Ed, Jayme, Kyle, Sabine, Tim & Todd

## Hoofdstuk één

# CHRISTENDOM: HET GROTERE GEHEEL

*door Jayme Himmelwright*

# 1.1 Hoe God is

**?** Ik heb God op verschillende manieren horen beschrijven (liefhebbend, oordelend, alomtegenwoordig, in de hemel, neerziend, in actie). Maar hoe is Hij nu echt?

God is liefde. In Zijn diepste wezen is God liefde. Ik zal dat eens uitleggen. Oké, we gaan hier misschien even wat dieper. Om lief te kunnen hebben moet er iemand zijn om lief te hebben, niet waar? In God vinden we drie personen (de Vader, de Zoon en de Heilige Geest) die elkaar liefhebben (Johannes 17). God is een kring van liefde. Dat betekent dat God in wezen liefde belichaamt. Maar, Gods liefde is niet zelfzuchtig. Daarom kon Hij niet tevreden zijn met alleen Zichzelf lief te hebben. Integendeel, daarom gaat Gods liefde altijd van Zichzelf uit naar anderen. Daarom schiep Hij ons. Hij schiep ons opdat Hij ons lief kon hebben. In Zijn liefde zoekt God altijd naar een relatie met ons.

God is zo groot dat wij hem nooit helemaal kunnen karakteriseren met ons beperkte begrip en taalvermogen. Maar, liefde sluit al zijn karaktertrekken in. Deze liefde is wat God totaal anders maakt dan ieder ander en Hem heilig maakt. Wij moeten er daarbij aan denken dat het hier niet gaat om een overdreven emotioneel of sentimenteel soort liefde. Dit is het soort liefde dat zelfverloochening en discipline vereist. Het is een liefde die bestaat uit waarheid (Romeinen 12:9).

## Discussievragen

1. Hoe zie jij God?
2. Zie jij Hem slechts op één manier (bijvoorbeeld als rechter), of zie jij ook Zijn andere eigenschappen?
3. Ken jij God als liefde? Hoe kan je God nog beter leren kennen?

## 1.2 Het verhaal van de Bijbel

Ik heb stukken in mijn Bijbel gelezen maar ik zie het verband niet tussen de oudtestamentische profeten en de nieuwtestamentische evangeliën, of tussen de Psalmen van David en de brieven van Paulus.

De Bijbel is Gods liefdesverhaal. God heeft er vanaf het begin der tijden werk van gemaakt om volmaakte relaties in Zijn schepping te creëren. God had een relatie met Adam en Eva, maar zij verbraken die relatie met Hem en die gebroken relatie werkte generaties lang door. Toen, op een bepaald moment, koos God Abrahams familie, de Israëlieten, tot Zijn speciale volk. God deed dat niet omdat Hij alleen hen liefhad en omdat Hij de rest van de wereld had opgegeven. Integendeel, Hij gaf de Israëlieten een speciale verantwoordelijkheid. Zij moesten de rest van de wereld laten zien wie God was zodat ook de andere naties en volkeren een relatie met Hem zouden krijgen (Genesis 12:2-3, Exodus 19:5b-6). Maar, de Israëlieten deden dat niet zo erg goed. Zij weken af van God zodat God hen koningen gaf om hen te leiden (1 Koningen 8:41-43, Psalm 67:1-4). Maar nog keerden zij hun rug naar God toe en daarom zond God hen profeten om hen te waarschuwen. Maar zij luisterden niet (Jesaja 2:2-4, Jesaja 66:18-21, Jeremia 1:5).

Toen deed God het meest menslievende dat mogelijk was (Johannes 3:16, 1 Johannes 4:9-12). Hij kwam op aarde als mens om de relatie tussen God en mensheid te herstellen. Jezus schonk de wereld twee belangrijke dingen in Zijn plaats toen Hij de aarde verliet. Ten eerste gaf Hij de Heilige Geest –Gods aanwezigheid in ons leven van elke dag- om ons te helpen in een juiste relatie met God te staan. Ten tweede stichtte Hij de kerk. De gemeente is nu het volk van God. Ons is de speciale verantwoordelijkheid gegeven om God aan de wereld te laten zien zodat ook zij een relatie met Hem kunnen krijgen (Matteüs 28:18-20, Handelingen 1:8).

De rest van het Nieuwe Testament is het verhaal van hoe meer en meer mensen een juiste relatie met God kregen door de groei van de kerk. Ten slotte vinden we in de Openbaring een beeld van hoe het eens zal zijn – alle volkeren verzameld voor Gods troon- de vervulling van Gods liefde (Openbaring 5:9-10, 7:9-10). Zo zie je dus dat de Bijbel een ononderbroken geschiedenis is van Gods liefdevolle poging om alle mensen te bereiken.

## Discussievragen

1. Hoe kan je een verband leggen tussen het beeld dat we krijgen van God in het Oude Testament en het beeld dat we van Hem zien in het Nieuwe Testament?
2. Voegt ons geloof dat Jezus kwam om God nog beter te leren kennen nog andere gezichtspunten toe?

## 1.3 De rol van Jezus

**?** Ik begrijp dat Jezus voor mijn zonden stierf, maar is dat de enige reden dat Jezus naar de aarde kwam?

Jezus was zowel volkomen God als volkomen mens. (Geen zorgen, je hoeft dat niet helemaal te snappen. Het is een geheimenis dat we geloven). Daarom toonde Jezus ons zowel God als het mens-zijn.

Ten eerste liet Jezus ons zien wie God werkelijk is (Lucas 10:22, Johannes 14:9, Johannes 17:6). Voor het eerst in de geschiedenis was de mens in staat om God te zien op een concrete, fysieke, manier. We werden in staat gesteld Hem beter te leren kennen, Hem lief te hebben en een relatie met Hem te krijgen.

Ten tweede liet Jezus ons zien hoe de mensheid werkelijk bedoeld was. Genesis 1:26 zegt dat we gemaakt zijn naar Gods beeld en gelijkenis. Dit betekent dat we in staat zijn een relatie met God en met anderen aan te gaan. Jezus toonde en leerde ons wat het betekent in een volmaakte relatie met God te leven en in een onzelfzuchtige, liefdevolle, relatie met anderen (Markus 12:29-31). Hij toonde ons hoe macht en mogelijkheden onzelfzuchtig te benutten. Jezus liet ons zien hoe wij eenmaal zullen zijn. Hij schetste een beeld van hoe wij in de eeuwigheid zullen zijn en leerde ons tegelijkertijd hoe in het heden te leven (Johannes 17).

Ten slotte heeft God ons niet verlaten toen Jezus opvoer naar de hemel. Integendeel, God, de Heilige Geest, bleef met ons om ons kracht te geven om in een juiste relatie met God en met anderen te leven (Johannes 14:15-20).

"Ik bid dat u... geworteld en gegrondvest blijft in de liefde. Dan zult u met alle heiligen de lengte en de breedte, de hoogte en de diepte kunnen begrijpen, ja de liefde van Christus kennen die alle kennis te boven gaat, opdat u zult volstromen met Gods volkomenheid" (Efeziërs 3:17-19).

## Discussievragen

1. Wat leren wij van Jezus over God?
2. Wat leren we van Jezus over hoe het mens-zijn bedoeld is?

## 1.4 Wat er aan het einde gebeurt

**?** Ik heb vrienden die wel goed maar geen christen zijn. Ik begrijp niet hoe God hen kan straffen en niet de slechte christenen die ik ken in mijn kerk. Is er hoop voor hen?

Dit is een moeilijk vraagstuk. Eerlijk gezegd denk ik dat alleen God het antwoord kent. Wij zien Zijn beide kanten: God is liefdevol en genadig, maar Hij is ook rechtvaardig. "De Heer is geduldig en trouw, schuld en misdaad vergeeft Hij, en laat Hij niet alles ongestraft" (Numeri 14:18).

God is rechtvaardig. Er zijn veel gelijkenissen en onderwijzingen die spreken over een toekomstig oordeel. Diverse Bijbelteksten spreken erover dat weinigen de hemel zullen binnengaan (Matteüs 7:13-14, 1 Petrus 4:18). De Bijbel vertelt ons ook dat Jezus de enige weg is tot de Vader (Johannes 14:5-6, Handelingen 4:12).

Aan de andere kant: God is liefde. Zal God Zich genadig tonen? Zal Hij kijken naar de motieven van het hart? Zal zijn rechtvaardigheid rekening houden met de omstandigheden (Romeinen 2:12-16)? De Bijbel vertelt ons "dat in de naam van Jezus elke knie zich zal buigen, in de hemel, op de aarde en onder de aarde en elke tong zal belijden 'Jezus Christus is Heer,' tot eer van God, de Vader"(Filippenzen 2:10-11). Ik denk niet dat wij God "in een doosje" kunnen stoppen en kunnen beperken wat Hij kan en zal doen. God is de uiteindelijke rechter en Hij is een God van hoop.

Wat we zeker weten is dat wij verlost worden door Jezus (Johannes 3:16). In dit leven moeten wij voor God leven en Hem delen met anderen. God in Zijn wijsheid zal als de tijd gekomen is weten wat Hij doen moet met hen die Hem niet hebben aangenomen.

## Discussievragen

1. Moeten wij alles over God helemaal begrijpen?
2. Hoe kunnen wij leven met een mysterie?

# Hoofdstuk twee

# CHRISTENDOM: HET DOEL VAN DE KERK

*door Ed Belzer*

# 2.1 Samen familie zijn

> ❓ Er zijn in mijn kerk mensen waar ik gek van word.
> Moet ik echt naar de kerk en met ze omgaan?

Ja. Volgende vraag?

Grapje! In werkelijkheid zijn we geschapen om relaties met elkaar te hebben en God wil een relatie met ons hebben. Maar, relaties zijn vaak erg moeilijk. Kijk maar eens naar onze wereld: in de hele wereld zie je conflicten. En soms zijn er ook conflicten in de kerk en hebben we te maken met mensen waar we echt dol van worden. Je bent niet de enige met zo'n vraag. Het is een hele goede vraag waar we mee moeten worstelen.

Laten we eens teruggaan naar de context van het grote gebod dat Jezus ons gaf in Matteüs 22:34-40. Wij kunnen alleen worden en doen wat God wil dat wij worden en doen door God lief te hebben met geheel ons hart, ziel en verstand. Wanneer we eenmaal God op deze manier gaan liefhebben beginnen we ook de mogelijkheid te krijgen werkelijk lief te hebben wat God liefheeft, namelijk mensen.

Wanneer ik omga met mensen waar ik gek van word denk ik aan het feit dat God ieder van ons heeft geschapen naar Zijn beeld (Genesis 1:26). Dus ieder mens, ongeacht zijn uiterlijk, zijn standpunten, zijn gedragingen, zijn reacties, zijn temperament of wat maar door God geschapen is. Hij of zij is zozeer het voorwerp van Gods liefde dat Hij bereid was voor hen te sterven. Aan deze dingen moet ik denken zodra ik probeer om te gaan met de mensen in de kerk waar ik dol van word.

Ons is opgedragen om iedereen lief te hebben. Dit betekent echter niet dat we met iedereen hechte vrienden moeten worden. Het betekent wel dat we ons best moeten doen om vreedzaam met dit soort mensen in de kerk te leven.

Kijk maar eens naar Efeziërs hoofdstuk 4. In dit hoofdstuk geeft Paulus ons een paar geweldige ideeën om met mensen in de kerk om te gaan. Er zijn vele momenten geweest in mijn leven dat ik terug moest naar dit hoofdstuk om het mij steeds weer biddend eigen te maken. Vers 2 spreekt ons echt aan met betrekking tot onze omgang met anderen. Ik kwam tot dit besef: Ik wist dat het hard werken zou zijn om te gaan met mensen die geen christen zijn (bedoeld is hier: zondige mensen die zondige dingen doen). Dus weet ik dat het hard werken en een boel geduld en liefde vergt om te gaan met onkerkelijke mensen. Maar ik had het idee dat het gemakkelijker zou gaan met kerkmensen om te gaan.

Maar toen werd ik geconfronteerd met Paulus' woorden in vers 3: "Span u in om door de samenbindende kracht van de vrede de eenheid te bewaren die de Geest u geeft." Hij zegt dat het heel wat inspanning zou kosten en hard werken en dat het niet natuurlijkerwijze makkelijk zou zijn om met anderen om te gaan.

Soms is het moeilijkste om te gaan met mensen die wij het meeste liefhebben omdat wij ze zo goed kennen. Wij kennen hun zwakheden, wij weten hoe ze zijn; en de realiteit is dat ieder van ons dingen in zijn leven heeft die anderen irriteren.

Er zijn mensen in mijn familie waar ik gek van word, maar zij zijn nog steeds mijn familie. De kerk is het Lichaam van Christus, de "familie van God". We moeten er alles aan doen om met iedereen in vrede te leven.

## Discussievragen

1. Wie zijn de mensen waar je dol van word en waarom word je gek van ze?
2. Welke "gelijkenis met God" zie je in hun leven?
3. Is er iets in deze mensen wat je kan waarderen?
4. Op welke manieren kan je voor deze mensen bidden?
5. Wat voor dingen heb jij waar anderen dol van worden?

## 2.2 Uitdelen van genade

> **?** Jezus lijkt om te gaan met de slechtste en meest vergeten mensen
> en hen te vergeven. Hoe kan de kerk meer zoals Jezus worden?

Je hebt absoluut gelijk wanneer je stelt dat Jezus omging met de slechtste en door iedereen vergeten mensen van deze wereld. We lezen hoe Hij dit bijvoorbeeld doet in de geschiedenis van Zacheüs in Lucas 19:1-10. Jezus wist dat de mensen "morden" omdat Hij omging met "zondaars." En Jezus zei tegen hen: "De Mensenzoon is gekomen om te zoeken en te redden wat verloren was."

Wij moeten eraan denken dat een van de taken van de kerk is om uit te reiken naar diegenen die Jezus niet kennen! Het is gemakkelijk voor de kerk om alleen maar een veilige plaats te zijn waar haar leden zich kunnen verschuilen en zich veilig voelen. Maar, we hebben te maken met een paar realiteiten.

Wanneer je als christen omgaat met "zondige" mensen zal de een de ander beïnvloeden. Of jij trekt hen naar Christus, of zij trekken jou weg bij Christus. Ben jij sterk genoeg om anderen te beïnvloeden voor Christus of zullen zij jou beïnvloeden zodat je Christus verlaat?

Toen ik een tiener was zou ik niet in bars hebben kunnen zitten en alcohol drinken. Ik was niet sterk genoeg om de verleidingen die daarmee gepaard gingen het hoofd te bieden. Vandaag de dag is alcohol geen verleiding meer voor mij en als ik ermee in aanraking kom heeft het absoluut geen invloed op mij. Integendeel, ik ervaar mededogen voor hen die beheerst worden door drank.

Als kerk hebben we een geweldige uitdaging: mensen bereiken voor Christus en hen vervolgens helpen te groeien in geloof. Veel kerken zijn goed in het bereiken van mensen, maar vervolgens hebben zij moeite discipelen van hen te maken. Maar het moet ons er niet alleen maar om gaan om mensen te "redden", we weten ook dat er nog een mensenleven van onderwijs en groei in ons geloof volgt. Het lijkt misschien spannender om nieuwe mensen voor Christus te winnen, maar we willen hen ook zien groeien en zorgen dat zij hun geloof behouden totdat zij naar de hemel gaan.

In Handelingen lezen we het verslag van de vroegste kerk. Lucas vertelt dat er op een dag 3000 mensen bij de kerk kwamen. Hij vertelt later dat zij iedere dag samen kwamen om brood te breken, te bidden en dat zij trouw bleven aan het onderricht van de apostelen (Handelingen 2:42). Wij moeten toegerust worden in het geloof in Jezus Christus en dan kunnen wij omgaan met mensen die Jezus broodnodig hebben. De werkelijkheid is dat er in de kerk mensen zijn die zich op elk niveau van geestelijk leven bevinden. Sommigen proberen nog maar net te ontdekken wat het betekent om christen te zijn, sommigen hebben zojuist Christus aangenomen, sommigen groeien in geloof en anderen zijn werkelijk toegewijde, onderlegde, christenen die we als volwassen mogen beschouwen. We zouden voortdurend nieuwe mensen moeten bereiken en hen vervolgens helpen in hun geloofsgroei.

Er zijn vele manieren waarop we als kerk ons geloof kunnen uitoefenen en naar anderen uitreiken. Een idee is om als kerk of als jeugdgroep vrijwillig te helpen in een voedselbank of soepkeuken om daklozen te eten te geven. Ik hoorde het verhaal van een jeugdgroep die iedere maand geld inzamelde voor de huur van een appartement voor vrouwen die uit de prostitutie wilden stappen. Maar het kan ook simpeler, bijvoorbeeld door te gaan zitten bij iemand die altijd alleen in de kerk zit.

## Discussievragen

1. Wat zijn de grootste verleidingen waar je mee te maken hebt?
2. Als jij zou omgaan met een paar van je "ergste" vrienden, wie zou dan wie beïnvloeden?
3. Welke medeleerlingen in je school zouden beslist een vriend zoals jij kunnen gebruiken?
4. Welke ideeën zou jij je kerk kunnen aanreiken om de mens in je omgeving te bereiken?

## 2.3 Mensen met God in aanraking brengen

In mijn kerk wordt veel geruzied over vormen van aanbidding in de eredienst en over hoe mensen gekleed moeten gaan tijdens de kerkdienst. Zijn er belangrijker dingen waar de kerk zich druk over moet maken?

Het doet mij verdriet wanneer het schijnt alsof onze kerk zich slechts richt op vormen van aanbidding en wat te dragen in de kerk. De kerk werd in het leven geroepen om de stem, handen en voeten van Jezus te zijn. Als kerk is het onze opdracht om Christus in deze wereld te vertegenwoordigen; dàt is wat we zouden moeten doen. Dit kan op twee simpele manieren worden verwoord: "Heb God lief" en "Heb anderen lief."

Je vraag −zo lijkt me- gaat in feite hierover: hoe aanbidden wij als gemeente God op een authentieke manier en hoe kunnen wij anderen oprecht liefhebben?

De strijd over vormen van aanbidding is al vele jaren aan de gang en gaat over de vraag hoe wij God het beste kunnen aanbidden. Ten dele is de reden hiervoor dat ieder van ons een eigen manier heeft waarop hij het beste God kan aanbidden. De generatie die is opgegroeid met gezangen kan met die muziek het beste God aanbidden. De huidige generatie neigt meer naar bandmuziek om God beter te kunnen aanbidden. Het gevaar van beiden is dat we de vorm meer aanbidden dan God Zelf.

Een bepaalde mate van leren en groeien moet in al onze levens gebeuren. Alle generaties kunnen dingen met elkaar delen en van elkaar leren.

Wat wij dragen kan op het eerste gezicht erg onbelangrijk lijken maar kan toch wat dieper gaan. Wanneer je bijvoorbeeld leert voetballen moet je de basisprincipes van het spel leren. Wanneer je eenmaal echt de grenzen en regels van het spel begrijpt gaat alles vanzelf (bijvoorbeeld wat je wel of niet mag doen met de bal, hoe je de beste pass kunt geven en hoe de buitenspelval werkt, enz.) Hebben we de basisprincipes eenmaal onder de knie, kunnen we ons verder ontwikkelen in deze sport.

Soms lijkt het alsof we ons druk maken over kleine zaken. Feit is dat wanneer we in de kerk overtuigd zouden zijn van wat de kerk zou moeten zijn en hoe we zouden moeten leven, we ons ook met andere zaken kunnen gaan bezig houden. Vanuit een bepaalde achtergrond willen mensen het allerbeste aan God geven, daarom kleden zij zich op hun paasbest. Vanuit een andere achtergrond komen weer mensen die vinden dat je moet "komen zoals je bent" want het "gaat om het hart." Wat we nodig hebben is een balans tussen beide opvattingen.

Kijk eens naar Handelingen 6:1-7. Onenigheid in de vroege kerk had te maken met het uitdelen van voedsel; en de noodzaak om te prediken en te onderwijzen. Sommige discipelen werden geroepen om de diensten te leiden en anderen om de zorg voor de ander op zich te nemen. Waar gaat het nu om? Hierom, dat wij het doel en het belang van de aanbidding in het oog houden, evenals het dienen van anderen en dat wij op deze wijze Christus vertegenwoordigen in de wereld.

Aanbidding richt niet alleen onze aandacht en liefde op God –iets waar God zich over verheugt. Het zorgt ook voor een geest van eenheid die de onderlinge verbondenheid met medegelovigen versterkt –iets waar God zich eveneens over verheugt. Het is een manier waarop wij ons identificeren met zowel Christus als Zijn kerk. Door middel van aanbidding schenkt God ons elk de genade om ons te helpen in ons leven als christen. Deze genade schenkt ons allen de kracht om de wereld te zien zoals Jezus haar ziet en haar te dienen zoals Christus haar zou dienen.

# Discussievragen

1. Bij welke vorm van aanbidding voel jij je het dichtste bij God?
2. Kan jij je een keer herinneren dat alle generaties samen waren en je de overweldigende tegenwoordigheid van de Heilige Geest aanwezig zag?
3. Uit welke kerkelijke traditie kom jij? Uit "Het beste dat je hebt aan God geven", of uit "Komen zoals je bent"?
4. Zorgt wat je draagt in de kerk ervoor dat anderen worden afgeleid bij hun aanbidding van God of zorgt het ervoor dat mensen zich op jou richten?

## 2.4 Regels en relaties

Mijn kerk lijkt een hoop regels te hebben. Is dit echt wat Jezus bedoelde toen Hij de kerk stichtte?

Het wezen van de kerk is bepaald niet de regels. Toch is het goed om te begrijpen dat onze God een God van orde is. Lees Leviticus maar eens en zie hoe geordend God is. Lees het boek Numeri en je zult zien dat God heel gedetailleerd is; Hij wilde precies weten hoeveel leden elke stam telde.

Persoonlijk houd ik niet van het woord "regels" wanneer het over de kerk gaat. Ik kan beter uit de voeten met het begrip "richtlijnen" of "spelregels." Kan je je een voetbal-wedstrijd indenken zonder spelregels? Wat een interessant experiment zou het zijn om dan aan de wedstrijd te beginnen en vervolgens te zien dat een van de spelers de bal huizenhoog de tribune in schiet waardoor die op de schoot van een bezoeker belandt! En vervolgens te zien dat alle spelers de trap op komen stormen naar deze bezoeker en tegen de bal beginnen te schoppen. Iedereen in de buurt zou schoppen krijgen omdat de spelers de bal proberen te raken.

Dit zal natuurlijk nooit gebeuren omdat de spelers weten dat zij moeten spelen bin-nen de lijnen van het veld. Wanneer de bal buiten de lijnen is stoppen zij het spel bij het fluitsignaal en moeten zij eerst de bal weer in het spel brengen. Het is echt geweldig om een wedstrijd te zien waarbij men zich aan de spelregels houdt.

God heeft ons een aantal spelregels gegeven voor ons leven. En een van de taken van de gemeente is om ons te helpen ontdekken welke die spelregels voor het leven zijn. Elke generatie en cultuur kent weer zijn eigen opvattingen en onze uitdaging is te ontdekken hoe we als christen kunnen leven in de huidige tijd.

Aan Jezus werd gevraagd: "Wat is het grootste gebod" (Matteüs 22:34-40)? De wet-geleerde die Jezus deze vraag stelde wilde het niet echt weten; het was alleen maar een test. De "wet" werd ons niet gegeven om die plichtmatig op te volgen maar was eerder een handleiding om ons te helpen God en anderen lief te hebben. Hier is een voorbeeld. Toen mijn vrouw nog kind was zei haar vader dat ze nooit snoepjes in haar slaapkamer moest laten liggen. De reden voor deze opdracht was dat ze woonden in een gebied waar stekende mieren leefden die gek waren op zoetigheid. Maar mijn vrouw luisterde niet en liet een reep chocola open en bloot op haar bed liggen. Toen ze die avond wilde gaan slapen bleek dat ze niet alleen in bed was! En het duurde niet lang voor ze helemaal onder de stekende mieren zat en dagenlang zat haar lichaam vol met beetwondjes. Deze "regel" werd haar gegeven om Lori te beschermen; het was niet alleen maar een lijst met regels om op te volgen.

# Hoofdstuk drie

# HEILIGING: DE KWALITEITEN VAN EEN GEHEILIGD MENS

3.1 God zoeken met alles wat je hebt

3.2 God zoeken zoals je bent

3.3 God zoeken op verschillende manieren

3.4 God zoeken in moeilijke tijden

*door Clive Burrows*

# 3.1 God zoeken met alles wat je hebt

**?** Dus Jezus zegt dat het grootste gebod is om God lief te hebben met heel ons hart, verstand, ziel en lichaam. Maar hoe doe ik dat?

Jezus antwoordde dit op een vraag van een Joodse geestelijke leider die Hem vroeg wat het grootste gebod van alles was (Matteüs 22:37, Marcus 12:30, Lucas 10:27). Hoewel er in die tijd 613 erkende geboden bestonden noemde Jezus geen van deze als de belangrijkste. In plaats hiervan citeerde Hij de meest bekende en gememoriseerde oudtestamentische tekst (Deuteronomium 6:4-5):

"Luister Israël: de Heer onze God is de enige! Heb daarom de Heer lief met inzet van al je krachten."

Jezus verschoof de aandacht van regels, wetten en plichten naar relaties. In plaats van ons alleen maar een allerbelangrijkste gebod te geven om te gehoorzamen, nodigt Jezus ons uit om op God te antwoorden met vererende liefde. Liefde is het hart van een relatie.

Johannes beschrijft hoe onze geweldige, unieke en ontzagwekkende God, die absoluut heilig is, ons met zijn liefde overstelpt (1 Johannes 3:1a). Hij geeft die uit liefde en zonder voorwaarden. Gods liefde is geen sentimentele liefde, maar een liefde die actief is en verandering teweeg brengt en die zoekt naar onze wederkerige liefde. Alleen wanneer wij Zijn "verandering brengende liefde" aanvaarden en ontvangen kunnen wij op onze beurt Hem liefhebben (1 Johannes 4:8b-10, 4:16b).

Wij kunnen God alleen liefhebben met geheel ons hart, verstand, ziel en lichaam wanneer wij Zijn geweldige, verandering brengen de liefde toestaan om onze harten en levens geheel en al te vervullen.

Dit is het werk van Gods Geest, maar vereist onze bereidheid om die te ontvangen en ons over te geven aan Zijn heerschappij. Een ander woord hiervoor is "toewijding": "alles wat ik van mijzelf weet aan alles wat ik van God weet". God houdt niets achter van Zijn liefde voor ons en daarom vraagt Hij ons Hem lief te hebben met alles wat we zijn en verlangen. Hij wil meer dan slechts een paar stukken van ons leven. Hij zoekt algehele en holistische liefde, geen opgedeelde liefde. Wanneer we Christus toestaan Heer van ons leven te zijn dan wordt onze zelfgerichte liefde op God -Jezus- gerichte liefde!

Heb God –jouw God- lief het geheel je hart. Heb Hem lief met alles wat in je is. Heb Hem lief met alles wat je hebt!

Wanneer we dat doen valt al het andere, geboden, regels, enz. op zijn plaats. In het evangelie van Lucas gaat Jezus nog een stap verder en voegt hieraan toe: "Heb je naaste lief als jezelf." Dit is de uitbreiding van deze relatie en liefde. Wanneer we Gods verbazingwekkende liefde ontvangen en op onze beurt Hem volledig liefhebben, dan willen we anderen liefhebben zoals wij geliefd zijn.

## Discussievragen

1. Jezus' woorden kwamen uit een van de meest bekende teksten in het Oude Testament. Wat is belangrijker dan dingen over God te weten?
2. Waarom is een juiste relatie met God belangrijker dan uiterlijke gedragsregels en het je houden aan de regels?
3. Waarom is het belangrijk om God lief te hebben met meer dan alleen de geestelijke kant van ons leven?

## 3.2  God zoeken zoals je bent

**?**  Ik heb een heleboel rommel in mijn leven waarvan ik weet dat het God niet blij maakt. Maar hoe kan ik die dingen in mijn leven opruimen zodat ik een beter christen kan worden?

Dit is een belangrijke vraag omdat het erkent dat christenen vaak "rommel" of dingen in hun leven hebben die God verdriet doen of teleurstellen.

Het vertrekpunt bij de vraag "hoe kan ik dat?" is waar het om gaat. De waarheid is dat we het niet kunnen! De menselijke neiging is om te proberen je eigen leven te leiden. Soms kunnen we gedeeltelijk succes hebben door sommige dingen te veranderen, maar dan gaat het vaak om oppervlakkige zaken. Het is ons echter onmogelijk om voldoende opruiming in ons leven te houden zodat we aanvaardbaar worden voor God of Hem blij maken. Nee, we moeten onszelf aan God overgeven en Hem de gelegenheid geven ons leven geheel en al te veranderen.

Om af te rekenen in ons leven met het ware probleem van rommel hebben we Gods hulp nodig. Hij kan afrekenen met de dieperliggende oorzaken die rommel (of zonde) veroorzaakt of toelaat.

Johannes zegt het zo: "Maar gaan we onze weg in het licht, zoals hijzelf in het licht is, dan zijn we met elkaar verbonden en reinigt het bloed van Jezus, Zijn Zoon, ons van alle zonde. Als we zeggen dat we de zonde niet kennen, misleiden we onszelf en is de waarheid niet in ons. Belijden we onze zonden, dan zal Hij, die trouw en rechtvaardig is, ons onze zonden vergeven en ons reinigen van alle kwaad" (1 Johannes 1:7-9).

De eerste stap is te erkennen dat we rommel (zonde) hebben in ons leven, zelfs als christen. Want wanneer we dat erkennen of belijden vragen we God tevens om er wat aan te doen. We moeten naar God gaan zoals we zijn –als onszelf. Wanneer wij met deze oprechte gezindheid bij God komen door onze zonde te erkennen dan vergeeft God, die genadig, liefdevol en trouw is, onze zonde. Dit neemt de schuld en de verantwoordelijkheid bij ons weg, terwijl Gods Geest op een dieper en herscheppend niveau bezig is om onze levens te reinigen van de dieperliggende oorzaken van deze rommel en zonde. En Hij verandert en reinigt onze diepliggende neiging van zelfgericht, zelfbevredigend eigenbelang of ongerechtigheid.

Dit verandert niet alleen ons gedrag (wat we doen op het zichtbare niveau van leven) maar het verandert ons denken, onze houding en instelling; datgene wat bepaalt en beslist wie we zijn en wat we doen. We zijn nu niet langer zelfgericht maar op Christus gericht en is Hij echt de Heer van ons leven. Maar Johannes benadrukt ook dat wanneer deze vergeving en reiniging plaat vindt, we anders moeten gaan leven. "Onze weg gaan in het licht, zoals Hijzelf in het licht is, dan zijn we met elkaar verbonden en reinigt het bloed van Jezus, Zijn Zoon, ons van alle zonde."

Dus, we hebben Gods hulp niet alleen nodig om af te rekenen met het probleem van de zonde en haar oorzaak. We hebben Gods voortdurende hulp nodig om op Christus gericht en Christus-gelijkvormig te leven! Dan stelt de Geest van God ons in staat om een leven te leiden dat God eer brengt.

Ook Paulus bevestigt dit wanneer hij schrijft: "Moge de God van de vrede zelf uw leven in alle opzichten heiligen, en mogen geheel uw geest, ziel en lichaam zuiver bewaard zijn bij de komst van onze Heer Jezus Christus. Hij die u roept is trouw en doet Zijn belofte gestand"(1 Tessalonicenzen 5:23-23).

## Discussievragen

1. Wat voor soort rommel verhindert jongeren om Christus volkomen te volgen?
2. Als Christus ons aanvaardt zoals we zijn is het dan oké om onveranderd te blijven en Hem steeds weer te vragen om ons te vergeven?
3. Wat is er verkeerd aan om te trachten ons leven op orde te brengen voordat we Christus volgen?
4. Waarom is het even belangrijk een op Christus gericht leven te leiden als het is om allereerst Zijn vergeving en reiniging te ontvangen?

## 3.3  God zoeken op verschillende manieren

**? Ik heb niet veel aan het lezen van de Bijbel en in de kerk verveel ik me. Heeft het christen-zijn meer te bieden dan Bijbellezen en naar de kerk gaan?**

Het christen-zijn heeft beslist meer te bieden dan Bijbellezen en naar de kerk gaan: in de kern gaat het bij het christen-zijn om een relatie met Christus.

Wanneer die relatie in orde is dan krijgen Bijbellezen en het bezoeken van diensten een nieuwe betekenis, nieuwe diepten, nieuw enthousiasme. Deze relatie met Christus moet prioriteit hebben. Paulus verklaarde zijn relatie met Christus als volgt: "Alles beschouw ik als verlies. Het kennen van Christus Jezus, mijn Heer, overtreft immers alles. Omwille van Hem heb ik alles prijsgegeven; ik heb alles als afval weggegooid. Ik wilde Christus winnen" (Filippenzen 3:8).

Paulus spreekt vaak over het christelijk leven als een ervaring van "in Christus" zijn. Hij bedoelt dan dat Christus volledig in het leven van de christen aanwezig moet zijn en dat christenen een geheel op Christus gericht leven moeten leiden. Hierdoor gaan ze steeds meer op Hem lijken in wie ze zijn, hoe ze denken en wat ze doen.

De kern van het Goede Nieuws gaat over onze relatie met Jezus Christus, Gods Zoon. Het gaat niet in de eerste plaats over kerkdiensten en plechtige erediensten en ook niet over het plichtmatig houden van stille tijd, maar over een levende, dynamische en groeiende relatie met God door Zijn Zoon en door de kracht van de Heilige Geest.

Wanneer wij eerst deze relatie in orde brengen en dat tot onze prioriteit maken dan krijgen Bijbellezen en deelname aan de eredienst een geheel nieuwe betekenis en belang en iets opwindends. Bijbellezen is dan niet langer een saaie verplichting; het wordt een onderdeel van ons verlangen "Christus te kennen" waarover Paulus schrijft: "het kennen van Christus overtreft alles."

Om een echte relatie met Christus te hebben moeten we Hem leren kennen. Het is onmogelijk een diepe band met iemand te hebben die we slechts oppervlakkig kennen. In Paulus' leven was de eerste prioriteit om Christus meer en meer te leren kennen –dat zouden ook wij moeten doen.

Maar de Bijbel is niet de enige plek waar we Christus ontmoeten en Hem leren kennen. We doen dit ook door voor Hem te leven, Hem te volgen en Hem te gehoorzamen. We leren Christus ook kennen door Hem samen met anderen te aanbidden die die-zelfde relatie met Hem hebben en dezelfde weg gaan omdat zij ook deel zijn van Zijn familie. Christus roept ons deel te zijn van Zijn familie om deel uit te maken van een aanbiddende gemeenschap. Het gaat er in de kerk om Christus samen met anderen op een betekenisvolle manier te aanbidden en te luisteren naar de stem van Gods Geest wanneer we dat doen. We leren niet alleen in ons eentje maar we leren samen als gemeenschap.

Dit betekent niet dat kerkdiensten niet relevant, betekenisvol en inspirerend zouden moeten zijn voor alle leeftijden en groepen –dat moet zeker! Maar we moeten daarbij betrokken zijn in plaats van alleen maar toeschouwers te zijn. We moeten Gods Geest tot ons laten spreken door middel van de kerkdienst.

## Discussievragen

1. Wat denk je dat "in Christus zijn" betekent en hoe kunnen we hiervan een levenslange zoektocht maken?
2. Wat zou je kunnen doen om te helpen de kerkdienst relevanter en inspirerender te maken voor jezelf en je leeftijdgenoten?
3. Wat zijn de grootste problemen die je ervaart bij het lezen van de Bijbel en hoe zou dat kunnen veranderen?

## 3.4 God zoeken in moeilijke tijden

**?** Mijn vriend is pas overleden en God lijkt zo ver weg. Wat kan ik doen om Gods aanwezigheid opnieuw te voelen?

Verpletterende ervaringen in ons leven raken ons op een diep emotioneel niveau en kunnen onze gevoelens verdoven of maken dat we ons zo verbitterd voelen dat we ons ver van God verwijderd voelen. Onze gevoelens kunnen ons bedriegen en ons wijs maken dat God afwezig, ongeïnteresseerd, onmachtig of onwillig is ons te helpen. Het is belangrijk om te zien dat het normaal is om ons zo te voelen –het behoort vaak bij het rouwproces.

In feite heeft iedereen zulke perioden van geestelijke droogte of het gemis aan contact met de Heer Jezus. Het kan veroorzaakt worden door zonde die we geleidelijk in ons leven hebben toegelaten waardoor er een kloof is ontstaan tussen ons en de Heer; maar soms kan het ook te maken hebben met vermoeidheid. Wanneer onze emoties door elkaar zijn geschud kunnen zij ervoor zorgen dat we ons ver weg van God voelen hoewel dat niet zo hoeft te zijn. Dit kan ook veroorzaakt worden door het verlies van dierbaren.

Emoties op zich zelf zijn nooit een goede maatstaf voor hoe geestelijk we zijn. Het is geweldig om bijzondere emotionele hoogtepunten te ervaren, maar onze relatie met Christus kan niet gebaseerd blijven op emotionele signalen of reacties.

Wat doe je wanneer God ver, erg ver, weg lijkt? Wanneer je probeert de Bijbel te lezen maar het alleen maar zinloze letters lijken? Wanneer je probeert te bidden maar je niet kunt concentreren waardoor het voelt alsof je je tijd aan hert verdoen bent? Wat doe je dan? Hoe herstel je die intimiteit met God?

Laten we ons concentreren op het meest belangrijke: de weg terug naar intieme omgang met God komt niet tot stand door middel van kennis, en ook niet door middel van het nog harder je best doen, maar door middel van gehoorzaamheid. Jezus zei in Johannes 14:21: "Wie mijn geboden kent en zich eraan houdt, heeft Mij lief. Wie Mij liefheeft zal de liefde van mijn Vader en Mij ontvangen, en ik zal Mij aan hem bekendmaken."

Gehoorzaamheid is de sleutel tot het herstel van intimiteit met God. Kijk maar eens wat hierboven wordt gezegd: "wie Mij liefheeft houdt zich aan mijn geboden." En dan ontvangen we de belofte –Jezus en de Vader zullen komen en zichzelf bekend maken aan en aanwezig zijn in ons als antwoord op onze gehoorzaamheid.

Wanneer je je echt terneergeslagen voelt en ver van God af, open dan de Bijbel en zeg tegen de Heer: "Ik voel op dit moment niet veel, maar wat ik ga lezen zal ik serieus nemen en ik zal zoeken naar een manier om te reageren (gehoorzamen) en toe te passen". Neem je voor om alles wat je in dat gedeelte vindt te gehoorzamen. Dit zal je helpen om je geestelijk leven weer op orde te brengen en je weer op de juiste weg te concentreren. Er bestaat geen gemakkelijke of instant manier, maar wanneer we beginnen met gehoorzamen zijn de intimiteit en de bijbehorende emoties niet ver weg.

Open je Bijbel, lees een of twee hoofdstukken en reageer daar dan op een duidelijke manier op. Heb Hem lief en heb anderen lief. En ik denk dat je zult zien dat God zich op een nieuwe manier zal openbaren.

## Discussievragen

1. Wat leert de geschiedenis van de storm op het meer (Marcus 4:35-41) ons over Jezus' liefde en zorg voor ons in de moeilijke perioden van ons leven?
2. Waarom is het gevaarlijk te vertrouwen op gevoelens en emoties wanneer het gaat om het begrijpen en ervaren van Gods nabijheid?
3. Paulus zegt dat "geloof" de gave van God is. Het komt voort uit Gods overvloedige liefde en genade. Wanneer ons geloof beperkt, tekortschiet en zwak is, wat kunnen we daar dan aan doen?
4. In iedere relatie zijn stille momenten. Hoe moeten we er mee omgaan wanneer God lijkt te zwijgen?

# Hoofdstuk vier

# HEILIGING: GEESTELIJKE DISCIPLINES

4.1 De Bijbel: lezen en overdenken
4.2 Gebed: spreken en luisteren
4.3 Groepen: belijden en verbinden
4.4 Stilte: Stil zijn en vasten

*door Todd Waggoner*

## 4.1 De Bijbel: lezen en overdenken

? Ik heb niet veel aan het lezen van de Bijbel. Mankeert er iets aan de Bijbel, aan mij, of aan hoe ik mijn Bijbel lees?

Ik vermoed dat er een probleem is met hoe je de Bijbel leest. We geloven dat de Bijbel het geïnspireerde Woord van God is dat goed en heilzaam is voor alle christenen (2 Timoteüs 3:16). Het probleem is dus niet de Bijbel. Dat gezegd hebbende, kan je misschien wel eens kijken naar een andere versie of vertaling die makkelijker te lezen is. De Bijbel zegt ook dat het christelijk geloof vaak dwaasheid lijkt in de ogen van ongelovigen (1 Korintiërs 1:18). Maar het feit dat jij zo'n vraag stelt vertelt me dat ook dat het probleem niet is. God zegt: zoek en je zult vinden (Deuteronomium 4:29, Spreuken 8:17, Matteüs 7:7), en je bent duidelijk zoekende. Laat me je dus helpen uit te zoeken hoe je je manier van Bijbel lezen kan verbeteren.

Het eerste waar je aan moet denken wanneer je je Bijbel leest is dat hoe meer je leest, hoe beter het voor je is. Wanneer je je Bijbel bestudeert is het prima om je te richten op een hoofdstuk, vers of woord. Maar wanneer je je Bijbel leest moet je doel zijn te kijken hoeveel hoofdstukken je per keer kunt lezen.

Iets anders om bij stil te staan is dat wanneer je je Bijbel leest, je ook werkelijk je Bijbel léést. Het is verbijsterend hoeveel tijd christenen besteden aan het lezen van boeken over de Bijbel, over hoe je de Bijbel beter kan lezen, over hoe je een beter christen kan worden of christelijke fictie. Stop met het lezen van boeken over de Bijbel en lees de Bijbel zelf eens. En stop er dan niet mee wanneer je het moeilijk vindt of je het gevoel hebt er niets aan te hebben. Voor velen van ons is lezen een kunst die verloren is gegaan. Vaak ervaren we lezen als iets lastigs en moeilijks. Maar, geef niet op. Hoe meer je leest, des te meer ga je beseffen hoe belangrijk lezen is.

Hier noem ik nog een manier waarmee je je leesgewoonten kunt verbeteren: de meeste christenen lezen pas in hun Bijbel wanneer er iets fout gaat in hun leven en ze in hun Bijbel naar antwoorden zoeken. Een veel productievere manier is om je Bijbel te lezen wanneer alles goed gaat in plaats van te wachten tot er problemen opduiken. Dan ga je terug naar die gedeelten die je je herinnert over Bijbelse figuren die dezelfde dingen meemaakten als waar jij doorheen gaat. Bijvoorbeeld, wanneer je te kampen hebt met verleidingen, kan je teruggaan naar de geschiedenis van Jozef (Genesis 39) of David (2 Samuël 11). In tijden van angst kan je teruggaan naar de verhalen van Daniël (Daniël 6) of de discipelen (Matteüs 8). Wanneer je in een leiderspositie terecht komt kan je de geschiedenis van Mozes (Exodus 18) of Paulus (Handelingen 15) lezen.

Wees ten slotte ook niet bang voor het Oude Testament. Velen van ons vinden het Oude Testament bedreigend. De namen, plaatsen en tradities zijn zo oud en we hebben het gevoel dat niet te begrijpen. Maar toch, het grootste deel van het Oude Testament bestaat uit verhalen en verhalen zijn universeel. Hoewel we misschien niet volledig de gewoonten of culturele achtergronden van de Bijbelse personen begrijpen kunnen we ons wel vereenzelvigen met hun emoties. En de oudtestamentische karakters kennen diepe gevoelens. Zij kennen angst, zorgen, schaamte en verwarring, maar ook bekrachtiging en blijdschap. Zij barsten uit in vreugdevol gelach, roepen het uit van de pijn en bieden troost aan hun vrienden. Met al deze dingen kunnen we ons vereenzelvigen en het zijn deze verhalen die ons leven verrijken en het Bijbellezen zo leuk maken.

# Discussievragen

1. Wat kan ik verbeteren aan waar en hoe ik mijn Bijbel lees?
2. Met welke Bijbelse figuur zou ik mij op dit moment kunnen identificeren in verband met waar ik nu doorheen ga?
3. Hoe heeft God in het verleden de Bijbel gebruikt om tot mij te spreken?
4. Hoe zou ik dagelijks meer tijd vrij kunnen maken om mijn Bijbel te lezen?

## 4.2  Gebed: spreken en luisteren

Christenen hebben het veel over gebed, maar wanneer ik bid hoor ik niets. In feite voel ik me een dwaas die in zichzelf praat. Hoe kan ik geholpen worden?

Ten eerste, je moet beseffen dat je niet alleen staat. Ten tweede, dat betekent niet dat alles oké is. Christen zijn betekent dat je een relatie met God hebt. En gebed is niets anders dan praten met en luisteren naar God. Door middel van gebed communiceren we en communicatie is het belangrijkste ingrediënt om een relatie levend en gezond te houden. Het is een van die dingen waar we niet zonder kunnen. Hieronder staan een paar verhinderingen die overwonnen dienen te worden.

Het meest voorkomende gebed in de Bijbel waarop God antwoord geeft is het gebed om hulp. Dat begint al in Exodus waar God zegt: "Ik heb hun jammerklachten gehoord" (Exodus 3). En in veel Psalmen horen we hoe David smeekt om hulp tegen zijn vijanden (Psalm 17, 28, 55, 102, 143 enz.). Jezus vertelt een verhaal over een zondig mens die uitroept: "God, wees mij zondaar genadig" en die genade ook ontvangt (Lucas 18). Te vaak komen we bij God met een arrogante houding en bevelen we Hem iets voor ons te doen of ons iets te geven wat we graag willen. Maar bij gebed gaat het erom in alle nederigheid en zonder iets mee te brengen te komen bij God die overvloedig geeft. Wanneer je Gods antwoord zoekt moet je stoppen met Hem te vertellen wat Hij moet doen en eenvoudigweg roepen om hulp.

Het tweede deel van het gebed waar velen van ons aan voorbijgaan is luisteren naar Gods antwoord. Hoewel God vaak verschijnt in macht en kracht, zoals de wervelwind in Job 38, spreekt God net zo vaak vriendelijk en met mededogen. Net zoals bij Elia, komt God tot ons als een "zachte bries" die ons de waarheid influistert (1 Koningen 19). We dienen te leren hoe we ons op ons gemak kunnen voelen bij stilte en op stille plekken willen we ooit kunnen horen wat God tot ons zegt. Dit is een van de redenen dat het houden van stille tijd in de ochtend zo zinvol is wanneer we in de stad wonen. We moeten naar God gaan voor het gejacht van de menigte, het getoeter van auto's en het geroep van de straatverkopers begint, willen we ooit de fluisterstem van God kunnen horen.

Een andere les die we over gebed kunnen leren is dat we volhardend moeten zijn. Jezus vertelt een verhaal over een weduwe die iedere dag bij een rechter verschijnt om gerechtigheid te vragen (Lucas 18). Uiteindelijk ziet deze rechter in hoe belangrijk gerechtigheid is voor deze weduwe die hij iedere dag had afgewezen. Maar nu geeft hij haar waar ze om gevraagd heeft. Op deze manier moeten ook wij bij God komen, zo vervolgt Jezus. Dit helpt ons te beseffen of wij iets echt belangrijk vinden. We denken dat we iets wensen, maar wanneer we niet bereid zijn er voortdurend om te bidden, om er werkelijk voor te vechten, om bij God te komen en er dagelijks voor te bidden, willen we het dan wel echt? Denk je dat een ouder wiens kind ziek en stervend in het ziekenhuis ligt maar een keer tot God zal bidden voor de genezing van zijn of haar kind? Nee, hij of zij zal voortdurend en steeds weer bidden om elke minuut van de dag hetzelfde te vragen in de hoop dat God zal antwoorden.

Een andere manier om God te horen antwoorden is wanneer we Hem vragen om de dingen die Hij wil geven en niet voor wat wij willen hebben. Wanneer je God "ja" wilt horen zeggen, bid dan niet om het laatste speeltje of apparaatje. Bid God in plaats daarvan of Hij je wil gebruiken. Kom tot God als een beschikbare dienstknecht die leiding nodig heeft, en je zult God een stuk sneller horen spreken dan wanneer je gevraagd zou hebben om het allernieuwste speeltje.

Ten slotte, het is ook mogelijk dat je het bidden niet lekker voelt gaan omdat je door een tijd van geestelijke droogte heengaat. Voor de meeste christenen is het normaal om perioden in het leven te hebben waarin het voelt alsof God niet zo dichtbij is als anders. En het lijkt alsof je gebeden niet zo beantwoord worden als op andere momenten. En ook de Bijbel spreekt niet zoals op andere momenten. Dit is normaal, maar betekent niet dat je moet stoppen totdat God weer nabij lijkt. Nee, God wil die periodes gebruiken om ons te helpen ons te realiseren hoe belangrijk Hij voor ons is. Ga door met bidden, met Bijbellezen en met andere geestelijke activiteiten. God zal je trouw spoedig genoeg belonen met Zijn tegenwoordigheid.

## Discussievragen

1. Hoeveel tijd per dag besteed ik aan het praten met God?
2. Hoeveel tijd per dag besteed ik aan het luisteren naar God?
3. Wanneer ik bid besteed ik dan meer tijd aan het vertellen aan God wat ik wil of aan het vragen aan God me te laten zien wat Hij wil?
4. Hoe kan ik meer stille momenten op een dag plannen om beter naar God te kunnen luisteren?

# 4.3  Groepen: belijden en verbinden

**?** Ik heb genoeg van een christendom dat alleen maar gaat over "ik en Jezus". Wat kunnen we als gemeente of jeugdgroep doen om te groeien in ons geloof?

Je verlangen om een individueel geloof in te ruilen voor een gemeenschappelijk geloof is een prachtig doel. De Bijbel is een "wij verhaal". In het Oude Testament gaat het God om een volk van Israëlieten in het leven te roepen, niet om de relatie met één Jood. En in het Nieuwe Testament zien we hoe Jezus begint met het kiezen van 12 volgelingen (Marcus 1). Het is dus prima dat je ervaart dat God je wil leiden naar een gezamenlijke geloofsbeleving. Maar ik moet je waarschuwen dat dit niet gemakkelijk is. Hoe meer mensen, hoe meer meningen er zijn. Hoe je deze verschillen wilt over-bruggen, maakt een wereld van verschil. Hier komen wat handvatten.

Het belangrijkste waaraan je een groep moet kunnen herkennen is hun liefde. Jezus zei: "Aan jullie liefde voor elkaar zal iedereen zien dat jullie mijn leerlingen zijn" (Johannes 13:35). Wanneer de groep niet met elkaar kan opschieten, wanneer je niet kunt opschieten met iemand waarmee je van mening verschilt, verwacht dan niet dat God in zo'n groep verheerlijkt wordt. En wanneer het effect van je gemeente of jeugdgroep niet is dat God geëerd wordt, dan moet er nog eens goed gekeken worden naar hun functioneren. Liefde voor anderen is onze manier om onze liefde tot God te bewijzen.

Kijk voor raad eens naar de nieuwtestamentische brieven. Paulus, Petrus, Johannes en anderen schreven hun brieven naar die allereerste kerken die meemaakten waar ook jouw groep doorheen gaat. Zaken als conflicten, leiderschap, lidmaatschap, groeps-doelen en nog veel meer zaken worden in de nieuwtestamentische brieven behandeld. Let op de formulering "elkaar". Die gebruikt Paulus om duidelijk te maken wat er moet worden gedaan. De lijst bestaat uit: groet elkaar ( 1 Korintiërs 16:20), bemoedig elkaar (1 Tessalonicenzen 5:11), wijs elkaar terecht (Romeinen 15:14), draag elkaars lasten (Efeziërs 4:2), heb elkaar lief (1 Petrus 1:22).

Wil je groep goed functioneren dan moeten er "genade en vrede" heersen. Paulus opent al zijn 13 brieven met die beide woorden. Genade en vrede zorgen voor een groep waar mensen met verschillende meningen samen kunnen leven. Genade en vrede zorgen voor een groep waar nieuwe mensen zich aanvaard in plaats van veroor-deeld voelen. Genade en vrede zorgen voor een groep waar grote door God gegeven dromen kunnen wortelen. Genade en vrede zorgen voor groepen waar harten kunnen worden veranderd. Genade en vrede zorgen voor groepen waar vergeving belangrijker is dan schuld, Genade en vrede zorgen voor groepen waar de leden iedere week graag naar toe gaan en waar nieuwkomers graag bij willen horen.

Ten slotte, en dit is waarschijnlijk het allermoeilijkste om te doen, moet je groep tijd nemen voor het belijden van het geloof en tijd voor het belijden van verkeerde dingen. Het belijden van je geloof, of getuigen, zorgt voor twee dingen. Ten eerste, het laat anderen zien dat God werkt, dat Hij werkzaam is in het leven van mensen, dat God gebeden beantwoordt, dat God nog steeds Zijn Woord gebruikt om tot ons te spreken. Ten tweede, het belijden van je geloof zorgt voor waarheden waarover niet gediscussieerd kan worden. Iemand kan het wellicht oneens zijn met wat de dominee zegt in zijn preek, maar hij of zij kan je niet vertellen dat wat je hebt ervaren niet waar is. Het belijden van foute dingen in je leven is ook noodzakelijk. Iedere keer dat je als groep samenkomt kan er iemand gekwetst of gekrenkt worden. Als dat gebeurt moet iemand "het spijt me" zeggen voordat die gekwetstheid verandert in bitterheid of woede. Een plek en gelegenheid waar mensen kunnen zeggen "ik ben gekwetst" en waar anderen kunnen zeggen "het spijt me" zal een opgericht teken zijn van genade en vrede waar woede verandert in liefde. En het is liefde die God de eer brengt.

# Discussievragen

1. Op welke creatieve manieren kan ik genade, vrede, liefde en steun betonen aan anderen in mijn gemeente of jeugdgroep?
2. Wie in mijn jeugdgroep moet ik vergeven?
3. Tegen wie in mijn gemeente of jeugdgroep moet ik zeggen "het spijt me"?
4. Welke geweldige dromen heeft God voor onze gemeente of jeugdgroep die ik niet in mijn eentje kan verwezenlijken maar de hulp van iedereen vraagt?

# 4.4 Stilte: stil zijn en vasten

Ik heb een enorm druk leven. Is er iets waarmee ik kan stoppen om mijn christelijke levenswandel te versterken?

Het simpele antwoord is: ja. Vanaf het allereerste begin (Genesis 2), heeft God ons opgeroepen tijden van rust, tijden van stilte en sabbatsrust te houden. Dus is je wens om niet langer zo druk te zijn een goed en heilig verlangen. Maar zelfs wanneer je wekelijks een sabbatsdag houdt zijn er toch gedurende de week ook wel momenten dat je graag wat rust zou willen hebben. Op twee manieren zijn christenen gedurende de gehele geschiedenis opgehouden met dingen doen ten einde hun geloof te versterken en wel door het praktiseren van de geestelijke oefeningen van stil zijn en vasten. Hier volgen een paar inzichten om deze beide geestelijke oefeningen in jouw leven te beginnen.

Ken je eigen motivatie. Wanneer je kwaad bent op je ouders en niet tegen ze wilt praten is dat niet de geestelijke oefening van stil zijn. Een maaltijd overslaan om een paar pond kwijt te raken is een dieet en geen geestelijk vasten. Het doel van elke geestelijke oefening is om Jakobus 4:8 (Nadert tot God en Hij zal tot jou naderen) op je leven toe te passen. Wanneer je dit serieus neemt zullen er verschillende dingen gebeuren.

Het eerste dat zal gebeuren is dat je God beter zult leren kennen. Psalm 46:11 zegt: "Wees stil en weet dat Ik God ben." Wanneer we stille plaatsen uitzoeken en ook echt stil worden, zullen we gemakkelijker Gods fluisterstem en de zachte aandrang van de Geest verstaan.

Een aspect van het opzoeken van de stilte is zelf stil worden. En wanneer wij stil worden merken we zoveel meer op. Dit komt omdat betekenis met de tijd toeneemt. Bijvoorbeeld, wanneer je naar een museum gaat en slechts enkele seconden naar een schilderij kijkt, zie je misschien de kleuren, de vormen en de personen in het schilderij. Maar wanneer je hetzelfde schilderij minuten- of urenlang in je opneemt ga je het kunstwerk dieper doorgronden. Je gaat de manier waarop de kleuren met elkaar harmoniëren ontdekken, je gaat zien dat de artiest niet slechts een bepaalde kleur maar diverse kleurnuances gebruikt, je ziet dat de verf een bepaalde structuur heeft, dat de artiest prachtige details op de achtergrond heeft geschilderd die je eerst over het hoofd zag, en hoe de personen in het schilderij zijn neergezet. Op dezelfde manier ervaren we zoveel meer van onze omgeving wanneer wij in de stilte gaan. Willen wij een volwassen christen zijn dan moeten we ons simpelweg bewust zijn van wat we moeten doen (Kolossenzen 4:2) en ons de vraag stellen:"hoe zou God mij hier kunnen gebruiken?"

Een derde les die we leren wanneer we zoeken naar stilte en vasten is hoe zelfgericht we eigenlijk zijn. Wanneer we een maaltijd vasten en ons hongerig voelen, helpt het ons te denken aan al diegenen die slechts een maaltijd per dag krijgen en aan al die ongelukkigen die iedere dag hongerig naar bed gaan. En wanneer wij besluiten niet te spreken voelen we ons verbonden met al diegenen die gehandicapt zijn en ook een of meer zintuigen niet kunnen gebruiken. Ineens worden we één met de blinden, doven, stommen en lammen.

Wanneer je nog steeds moeite hebt met het vinden van een stille plaats, probeer dan om de stad (wanneer je in een stad woont) of de mensen in je dorp te verlaten. Wanneer we ons omringen met door mensen gemaakte gebouwen, door mensen gemaakte auto's of andere door mensen gemaakte dingen, of ons omringen met veel mensen, is het makkelijk om de grootheid van de mensheid te zien. Maar ons doel is om na te denken over de grootheid van God (Deuteronomium 32:2, Lucas 9:43). Dus ga ergens heen waar je omringd bent door wat God heeft geschapen. Misschien zijn dat door God geschapen bomen in de natuur waar je woont, of door God geschapen heuvels, of misschien de zee die dichterbij is dan de heuvels, of door God geschapen dieren. Houd je verre van televisies en radio's, van familieleden en vrienden. Zoek God in je eentje op een stille plek door stil te zijn en te vasten en ik ben er zeker van dat je zult vinden waarnaar je op zoek bent.

# Discussievragen

1. Wanneer was de laatste keer dat ik een echte sabbat (rustdag) nam en gewoon maar stil was?
2. Waar zou ik heen kunnen gaan om omgeven te zijn door Gods schepping?
3. Wat zou God me kunnen laten zien wanneer ik de tijd nam om eens echt te kijken naar mijn woonomgeving, school, kerk of jeugdgroep?
4. Welke dingen zou ik in mijn leven en programma kunnen missen om tijden van stil zijn en vasten te kunnen houden?

## Hoofdstuk vijf

# DIENEN:
# WAAROM WIJ DIENEN

5.1 God wil het
5.2 We zijn allemaal Gods kinderen
5.3 God gaat ons voor
5.4 We zijn allen Gods priesters

*door Sabine Wielk en Tim Evans*

# 5.1 God wil het

? Geeft God om en wil Hij dat ik iets doe aan de schuldenlast van arme landen of de AIDS crisis, de honger in de wereld of de extreme armoede?

Inderdaad! Dat doet Hij! Hoe kunnen we onze naaste liefhebben – volgens Jezus iets essentieels (Matteüs 22:37-40) – zonder iets te doen aan deze feiten die deel uitmaken van onze dagelijkse realiteit? We zijn allemaal met elkaar verbonden. En hoewel die "verbondenheid" er overal weer anders uitziet leeft niemand van ons een geïsoleerd leven. Het kan dus de bedelaar zijn in de straat waar je iedere dag langs loopt en die je om wat te drinken of wat te eten vraagt. Of het kan het kind zijn in je straat dat wel een schoon shirt of broek kan gebruiken. Of het kan zijn dat wanneer je winkelt je de etiketten bekijkt om te zien waar iets gemaakt is. Soms is het in je eigen land geproduceerd, maar soms komt het van het andere eind van de wereld. Op die manier ben je op welke manier dan ook – misschien via internet of door het nieuws – "verbonden" met andere mensen en dat brengt verantwoordelijkheid met zich mee. Je kan net doen of die bedelaar niet bestaat, maar ieder dag zie je hem toch weer opnieuw.

Je kan net doen of dat kind geen hulp nodig heeft, maar wanneer het je om hulp vraagt, wat doe je dan? Je kan niet net doen alsof iedereen gelukkig is. Je kan niet net doen alsof je een leven kan leiden zonder anderen om je heen. Er zijn chauffeurs in je bus, er zijn mensen die voor je koken en anderen die de dingen produceren die je koopt. Kunnen al die mensen je iets schelen? Hebben we deze naasten lief, of ze nu binnen een straal van enkele meters in ons huis of ergens ver weg wonen?

En wat betekent het om "lief te hebben"? De zaken die in de vraag hierboven naar voren komen lijken overweldigend. Niemand kan de genoemde uitdagingen alleen oplossen. Dus, waar beginnen we dan? De gehele Bijbel door heeft God Zijn volk opgeroepen om mensen te zijn die genade liefhebben, rechtvaardig handelen en in alle nederigheid met Hem wandelen (Micha 6:8). Kan dat een beginpunt zijn? Wanneer je Jesaja 1:16-17, Psalm 10, Matteüs 5, Lucas 4, 1 Johannes 3:6 leest, en de evangeliën onderzoekt, wat voor soort God zie je dan? Hoe gaat Jezus om met de mensen die Hij ontmoet? Voor wie heeft Hij een bijzondere zorg?

## 5.2 We zijn allemaal Gods kinderen

Ik hoor vaak praten over "gered versus ongered" in onze kerk en ik hoor dan zeggen dat het er alleen om gaat dat de ongeredden meer op ons gaan lijken. Gaat het er in onze bediening echt om dat er meer-van-ons bijkomen?

We dienen ons te realiseren dat wanneer we het hebben over het redden van mensen dat we dan spreken over het helen, genezen en herstellen van dingen die gebroken waren. En God doet dat. En Hij kiest er vaak voor dit te doen door wat wij doen of zeggen. Er "meer-van-ons-maken" kan nooit de reden zijn voor onze bediening. Dienen komt voort uit het liefhebben van God en mensen (zie 5.1) en maakt dat mensen vragen waarom we doen wat we doen, of waarom we zijn zoals we zijn. Wanneer ons leven de liefde van God weerspiegelt zullen anderen er vaak toe worden gebracht Hem te volgen.

Stel je eens voor dat het volgen van Christus het allerbeste zou zijn dat je is overkomen. Zou je dat dan niet willen delen met anderen? Zou je niet willen dat de mensen om je heen Christus ook zouden leren kennen? Het is een hele hulp om verlossing en redding te zien als een voortgaand proces. Ja, we hebben herstel gevonden in en door Christus Jezus. Maar zo lang we hier op aarde zijn hebben we iedere dag te maken met de pijn van verbroken relaties, de uitdagingen van school en werk, en onze toenemende behoefte lief te hebben en geliefd te worden. Daarom kijken we iedere dag op naar God om herstel en heling te ontvangen. En iedere dag weer inspireert en moedigt ons verlangen naar liefde ons aan deze liefde te tonen aan de mensen om ons heen. En dat zal zorgen voor heling en herstel bij de mensen om ons heen. Wanneer je de verhalen leest in de evangeliën en in het boek Handelingen, kan je dan ontdekken wat Jezus motiveerde de mensen om Hem heen te dienen? Deed Hij dat opdat veel mensen Hem zouden volgen? Kijk eens naar Lucas 15:15-16.

En wat motiveerde de mensen om anderen over Jezus te vertellen? Was dat alleen maar om te kunnen zeggen dat er weer meer mensen waren in de groep die Jezus volgde? Of was het omdat ze iets hadden gevonden dat hun levens veranderde, dat hen gered had, en waarvan ze wilden dat iedereen ervan zou horen (zoals de vrouw in Johannes 4)?

## 5.3 God gaat ons voor

Soms heb ik het idee dat ik veel dingen doe voor God alsof Hij vrijgenomen heeft. Waar is God wanneer ik, de jeugdgroep, of de kerk bezig ben met dienen?

Er is een standbeeld van Jezus in een kerk in Soweto, Zuid Afrika. Tijdens de apartheid kwam een aantal gewapende overvallers binnen en greep de priester en sleurde hem naar het beeld van Jezus en dwong hem vervolgens toe te kijken hoe zij de handen van het beeld kapotschoten. Dus nu staat dit standbeeld daar met de armen uitgestrekt, maar zonder handen. Je kan de foto's ervan bekijken op internet (zoek naar Regina Mundi, de naam van de kerk).

Dit standbeeld zonder handen is een goed beeld van Jezus, van God, en van de manier waarop Hij door ons heen wil werken. Wij zijn Zijn handen en Zijn voeten. Dus inderdaad, wanneer wij als jeugdgroep, als gemeente, of als eenling bezig zijn met dienen zou het erop kunnen lijken dat wij het voor God doen en dat Hij vrijaf heeft genomen.

Maar, is dat zo? Stel je eens voor dat God voortdurend vlak bij je is. Stel je voor dat Hij die vriend is die samen met jou de handen vuil maakt bij het opruimen van de tuin van je oude buurman of vrouw. Of dat Hij naast je aan het werk is wanneer je die muur in de school verft, of die met je mee gaat wanneer je iemand in het ziekenhuis bezoekt. Toen Jezus terugkeerde naar de hemel, zei Hij tegen Zijn discipelen dat Hij hen de Heilige Geest zou zenden om kracht te ontvangen om Zijn getuigen te zijn (kijk in Handelingen 1 voor wat er verder gebeurde). En dat is precies wat Hij deed. Wij worden ertoe geroepen ons leven te leiden in gemeenschap met Christus. Zijn Heilige Geest is werkzaam in ons en geeft ons de kracht om Hem te dienen. Dus, zouden we niet Hem moeten zien die werkzaam is in die oudere dame in de kerk die de bloemen verzorgt zodat de zaal er mooi uitziet? Of in het kind dat danst wanneer ze zingt?

# 5.4 We zijn allen Gods priesters

**?** Ik denk dat ik een paar goede ideeën heb om anderen te helpen, maar ik ben geen dominee, jeugdpredikant of zelfs jeugdleider. Moet ik het dan maar aan hen overlaten?

Kan iemand een tekst in de Bijbel vinden die zegt dat een leider alles in de kerk zelf moet doen? De rol van een leider is nooit om alles zelf te doen. Er is alleen sprake van een levende gemeente wanneer iedereen samenwerkt. Het gaat om alle gelovigen samen die geroepen zijn EEN te zijn en die met elkaar dienen (Efeziërs 4:1-6).

Wees nooit bang om anderen te helpen of ideeën te delen met de leiders. Wat zegt Paulus over de gelovige gemeente in 1 Korintiërs 12? Iedere gelovige heeft een aandeel.

De kern van de betekenis van dienen is "zorgen voor de noden" van mensen: om actief te zijn in het helen van en het zorgen voor mensen in nood. Wij geloven in de God die kwam, niet om gediend te worden, maar om Zijn leven te geven in dienst aan anderen (Matteüs 20:25 tot het einde van het hoofdstuk). Het christelijk leven bestaat uit liefde voor elkaar en liefde tot God. Daarom vindt elk dienen zijn oorzaak in de oproep God en elkaar lief te hebben.

Wij "dienen" omdat wij een volk zijn dat geschapen is naar de gelijkenis van Christus die zichzelf ontledigd heeft ter wille van de belangen en behoeften van anderen (Filippenzen 2:4-11). Als Zijn volk behandelen we de mensen om ons heen zoals Hij gedaan zou hebben, met liefdevol respect en zorgzaamheid. Wanneer de gemeente op zo'n manier leeft verwijst zij naar de realiteit van God en Zijn liefde voor de wereld.

De apostel Paulus gebruikt het beeld van een lichaam in 1 Korintiërs 12 om daarmee te beschrijven hoe iedere volgeling van Jezus belangrijk en begiftigd is. Hij benadrukt dat ieder lichaamsdeel, dus ieder van ons, belangrijk is en dat er dus geen "onnodige" lichaamsdelen zijn die alleen maar achterover hoeven te zitten en toekijken. En wanneer hij Timoteüs schrijft in 1 Timoteüs 4, moedigt hij zijn vriend aan om vertrouwen te hebben en een voorbeeld te zijn voor de andere gelovigen.

Het is dus tweeledig: we hebben geen excuus om anderen het werk te laten doen omdat het evenzeer onze verantwoordelijkheid is om God te dienen, en om andere mensen te dienen. En ook niet om onze ideeën te delen en manieren te zoeken om die ideeën in de praktijk te brengen. We hebben geen baan of titel nodig om dat te doen. Maar tegelijkertijd moeten we het wel goed doen, op een manier die een voorbeeld is en ook een inspiratie voor anderen. Op die manier zullen ze je ideeën gaan delen en je helpen manieren te vinden om met je gaven te dienen.

Welnu, wie zijn de mensen om je heen die je zouden kunnen helpen je ideeën te ver-wezenlijken? Hopelijk degenen die in de vraag worden genoemd en wiens "werk" het is om je partner te zijn en je te steunen. En je zou er wel eens verbaasd over kunnen staan wie er nog meer dezelfde ideeën hebben en met wie je ze samen kunt uitvoeren. En hoe kunnen jouw ideeën wanneer ze eenmaal in praktijk worden gebracht anderen dienen en daardoor God dienen? Wat motiveert je? Bouwen jouw ideeën, eenmaal in praktijk gebracht, Gods Koninkrijk? Ben je actief bezig Zijn liefde uit te delen aan de mensen met wie je omgaat?

# Hoofdstuk zes

# DIENSTBAARHEID: WIE WIJ DIENEN

*door Sabine Wielk en Tim Evans*

# 6.1 De verlorenen

**?** Jezus zegt dat Hij kwam om te zoeken en te redden. Ik wil in Jezus' voetstappen treden, dus hoe kan ik dit nu ook doen?

Jezus kwam inderdaad om de verlorenen "te zoeken en te redden". Door de kracht van Zijn Heilige Geest zoekt God genadig naar mensen die een relatie met Hem willen hebben, zelfs voordat ze zich realiseren dat Hij hen zoekt. Wanneer zij besluiten hun leven aan God te geven, is Hij het ook die hen redt. Wij hoeven niet op deze manier te "zoeken en redden". Wat wij moeten doen is dagelijks wandelen zoals Christus zodat wanneer de mensen ons zien zij een goed beeld krijgen van wie Jezus werkelijk is. Wanneer je zegt: "Ik wil in Jezus' voetstappen treden" ben je daar al mee begonnen.

Het avontuur van in Jezus' voetstappen treden begint met de erkenning dat Christus, als de Zoon van God, het waard is om na te volgen! Echter, alleen maar wensen om Jezus te volgen is niet genoeg. We moeten allereerst begrijpen wie Jezus was hier op aarde en waarom Hij juist daar Zijn voetstappen achterliet. Lees een van de eerste drie boeken van het Nieuwe Testament. Waar liet Jezus Zijn voetstappen achter? Met wie besloot Jezus op weg te gaan? Wanneer we deze vragen beantwoorden zullen we beter begrijpen waar en met wie wij op weg moeten gaan.

## Discussievragen

1. Waarom heeft God jou nou net op deze plaats neergezet? Met wie ga je om?
2. Hoe kan je op creatieve manieren de Christus-gelijkvormige liefde laten zien aan de mensen in je leven?
3. Heb je ooit naar iemand gekeken en gedacht dat hij of zij werkelijk gemaakt was voor zijn of haar taak? Waarom dacht je dat? Wat maakt hen zo uitermate geschikt voor die bediening of taak?

## 6.2 De minsten

**?** Ik wil graag dat mijn vrienden gered worden maar is evangelisatie dan de enige manier om dat te bereiken?

Ieder mens heeft een persoonlijke invloedsfeer, een klein stukje van deze grote wereld waar wat we zeggen of doen een effect heeft op mensen. De erkenning dat je vrienden een relatie met Christus nodig hebben en dat jij een verschil kan maken is een erg belangrijk besef. Belangrijk is ook het besef dat onze bediening meer inhoudt dan alleen evangelisatie. Dit is waar de kerk in beeld komt. Paulus, de allereerste zendeling, vergeleek Gods gemeente met het menselijk lichaam. Elk deel moet zijn rol spelen wil het lichaam goed functioneren. Om te ontdekken welk lichaamsdeel jij bent en tot welke vorm van dienen jij geroepen bent, zijn er een paar hulpmiddelen beschikbaar.

Ten eerste, je kan ervoor bidden. God heeft je speciaal toegerust voor een speciale taak. En deze taak is niet iets wat Hij voor je verborgen wil houden, maar Hij wil dat je die gaat vinden. Wanneer we bidden zoeken en vinden we het beste dat God voor ons heeft weggelegd.

Ten tweede, ga eens na welke speciale gaven God jou heeft gegeven. Maak je gemakkelijk vrienden? Ben je gezegend met bijzondere muzikaliteit? Ben je bijzonder succesvol op een bepaald levensterrein? Als God je op bepaalde terreinen speciale gaven heeft gegeven, dan deed Hij dat misschien opdat je dat talent aan Hem terug zou geven om Hem ermee te dienen en te eren.

Vervolgens, vraag aan mensen die je kennen welke gaven om te dienen zij in je zien. Vaak zien we onze eigen gaven niet omdat we aannemen dat we nu eenmaal zo zijn. En andere keren hebben we de neiging om super kritisch te zijn en geven we onszelf geen enkele erkenning voor die dingen waarbij God ons heeft geholpen om ze goed te doen.

Ten slotte, meld je vrijwillig aan voor verschillende bedieningen om uit te zoeken wat de echte passies zijn die God in je hart heeft gelegd. Vaak is het zo dat we ons niet realiseren wat geweldig een gelegenheid om te dienen is totdat we er echt bij betrokken raken en het zo uit de eerste hand ervaren.

Wanneer we Gods wil zoeken door middel van gebed, waarbij we nadenken over onze speciale gaven, onze gesprekken met anderen en onze ervaringen uit de eerste hand, zal Hij ons duidelijkheid geven.

# 6.3 Elkaar

> **?** Ik vind vaak dat christenen niet zo aardig voor elkaar zijn en beter met elkaar om zouden moeten gaan. Zegt de Bijbel hier ook iets over?

Je herkent een Italiaan aan zijn taal. Je herkent een politieagent aan zijn uniform. Je herkent een kind aan zijn lengte. En Johannes 13:34-35 vertelt ons dat we een volgeling van Jezus kunnen herkennen aan zijn of haar liefde. Als christenen worden we geroepen om ook anderen lief te hebben behalve onze directe familie of vrienden. In Zijn Bergrede in Matteüs 5 daagde Christus Zijn luisteraars uit zelfs diegenen die hen haten lief te hebben.

De Bijbel is een dik boek, maar Christus zei dat hij geheel samengevat kan worden in twee hoofdpunten: heb God lief met alles wat je hebt en heb de mensen waarmee je in aanraking komt net zo lief als je jezelf lief hebt. God is liefde (1 Johannes 4:8) en Hij toont dat door Zijn Zoon te geven die voor ons stierf zelfs terwijl wij nog volop tegen Hem zondigen (Romeinen 5:8)! Als het diepste wezen van God liefde is, kunnen wij dan werkelijk de naam "christen" dragen als wij niet in staat zijn anderen lief te hebben voor wie Christus stierf?

## Discussievragen

1. Wat is absoluut essentieel om onze wereld voor Christus te bereiken?
2. Welke rol bij het bereiken van mensen speelt een gebouw? En hoe zit het met de Bijbel? En een predikant? Muziek? Een kerkgenootschap? Geld?
3. Hoeveel van de conflicten in de gemeente gaan over niet-essentiële zaken?
4. Wat vertelt Matteüs 18:21-35 ons over vergeving?

## 6.4 De aarde

**?** Ik voel me heel dicht bij God wanneer ik buiten in de natuur ben. Maar trekt God Zich iets aan van het milieu en de verdwijning van diersoorten?

Het eerste Bijbelboek vertelt ons dat nadat God Zijn scheppend werk had voltooid, Hij wat afstand nam, de resultaten beschouwde en het "goed" noemde. Van de lucht, het land en het water dat God scheidde en hun juiste plaats wees tot de dieren die liepen, zwommen en vlogen was God blij met wat Hij had gemaakt. En met Adam en Eva was God bijzonder blij. In Zijn oneindige wijsheid had God een balans geschapen in het leven waarbij de dieren die niet konden zwemmen, op het land konden leven waar voldoende voedsel was om in leven te blijven. Datzelfde gold ook voor de vissen in het water en voor de vogels die Hij schiep in de lucht. Er waren miljarden organismen die op een complexe manier samengevoegd werden tot een meesterwerk zoals alleen God de Schepper zou kunnen maken. Hoofdstuk een van Genesis vertelt dat God aan Adam en Eva één, en alleen maar één, opdracht gaf: namelijk zorgen voor Zijn schepping.

Iedere keer dat mensen een natuurlijke leefomgeving vernietigen om er weer een autoweg of winkelcentrum te bouwen, wordt het broze natuurlijke evenwicht en het natuurlijke systeem van het meesterwerk van de Schepper verstoord. Wanneer wij ervoor kiezen te gebruiken en af te danken in plaats van te hergebruiken, wanneer we gemak verkiezen boven duurzaamheid en wanneer we sneller consumeren dan de schepping kan voortbrengen verstoren we Gods schepping zo zeker als twee maal twee vier is.

Net zoals een groot schilder zijn meesterwerk signeert, "verhaalt de hemel van Gods majesteit en roemt het uitspansel het werk van Zijn handen" (Psalm 19). Anders gezegd, wij kunnen iets van God kennen omdat wij Zijn werk hebben gezien.

Paulus begreep dat de schepping in feite een getuigenis zonder woorden over God is. Hij schreef: "Zijn onzichtbare eigenschappen zijn vanaf de schepping van de wereld zichtbaar in Zijn werken, Zijn eeuwige kracht en goddelijkheid zijn voor het verstand waarneembaar. Er is niets waardoor zij te verontschuldigen zijn" (Romeinen 1:20). Wanneer wij geen zorg dragen voor Zijn schepping tonen we niet alleen onze respectloosheid voor Zijn scheppend vermogen, maar ontkennen wij ook Zijn eigen zichtbare openbaring.

# Discussievragen

1. Als God afstand zou nemen en Zijn schepping opnieuw zou bekijken, zou Hij die dan "goed" noemen?
2. Wanneer wij naar Gods schepping kijken, waar kunnen we God dan zien?
3. Lees Matteüs 10:29. Wat vertelt ons dit vers over de mate waarin God om Zijn schepping geeft?
4. Lees Kolossenzen 1:19-20. Is het Christus' enige bedoeling om de mensheid met zichzelf te verzoenen of sluit die verzoening nog meer in?

www.ingramcontent.com/pod-product-compliance
Lightning Source LLC
Chambersburg PA
CBHW030308030426
42337CB00012B/639